Los maestros nos ayudan.
¿Qué hacen?

Suena el timbre de la escuela.
¡Es hora de aprender!
La maestra escribe
en la pizarra.

AYUDANTES DE LA COMUNIDAD

MAESTROS

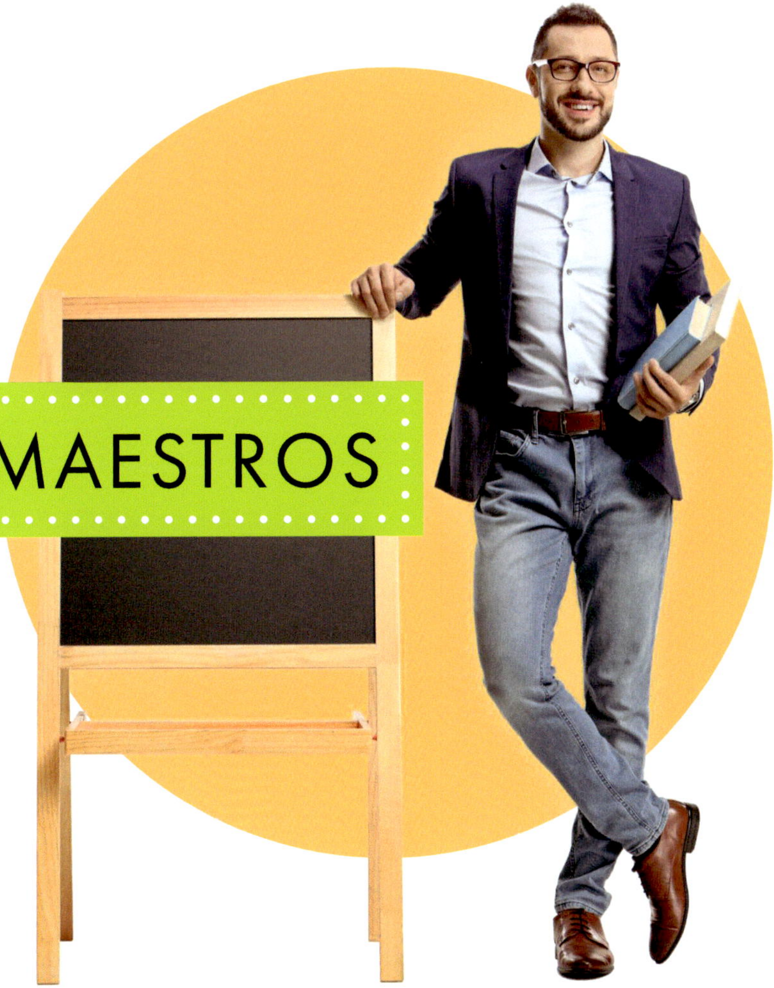

por Golriz Golkar

pizarra

globo terráqueo

Busca estas palabras e imágenes mientras lees.

libro

regla

globo terráqueo

La maestra muestra
un globo terráqueo.
¿Dónde está nuestra ciudad?
¡Ah! ¡Allí estamos!

¡Es hora de un cuento!
La maestra elige un libro.
Se lo lee a la clase.
libro

La clase planta semillas.

La maestra reparte reglas.

¿Cuánto crecieron?

Es la hora del arte.
El maestro nos enseña lo
que tenemos que hacer.

Los maestros nos ayudan a aprender.
¡Nos enseñan muchas cosas!

pizarra

globo terráqueo

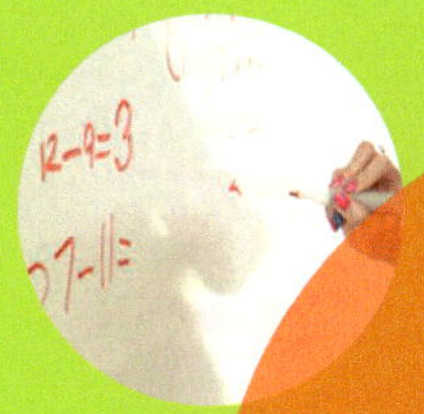

¿Lo encontraste?

libro

regla

Publicado por Amicus Learning, un sello de Amicus
P.O. Box 227, Mankato, MN 56002
www.amicuspublishing.us

Library of Congress Cataloging-in-Publication Data
Names: Golkar, Golriz, author.
Title: Maestros / by Golriz Golkar.
Other titles: Teachers. Spanish
Description: Mankato, MN: Amicus Learning, an imprint
  of Amicus, [2026] | Series: Ayudantes de la comunidad |
  Audience term: Children | Audience: Ages 4-7 | Audience:
  Grades K-1 | Summary: "Teachers teach reading, STEM,
  and more. Learn how they help their students in this low-level
  beginning reader that reinforces new Spanish vocabulary with
  a search-and-find feature. A great early social studies book that
  will inspire kindergartners and first graders to learn about jobs
  in their community. Translated into North American Spanish"—
  Provided by publisher.
Identifiers: LCCN 2024052115 (print) | LCCN 2024052116
  (ebook) | ISBN 9798892006736 (library binding) | ISBN
  9798892007337 (paperback) | ISBN 9798892007931 (ebook)
Subjects: LCSH: Teachers—Juvenile literature. | Teaching—
  Juvenile literature.
Classification: LCC LB1775 .G64518 2026 (print) | LCC
  LB1775 (ebook) | DDC 371.1—dc23/eng/20241211
LC record available at https://lccn.loc.gov/2024052115
LC ebook record available at https://lccn.loc.gov/2024052116

Ana Brauer, editora
Deb Miner, diseñador de la serie
Sara Hood, diseñador de libro y
  investigación fotográfica

Créditos de Imágenes: Dreamstime/Monkey
Business Images, cover; Getty Images/
SDI Productions, 12–13, skynesher, 6-7;
Shutterstock/Ljupco Smokovski, 1, Monkey
Business Images, 4–5, PaniYani, 10–11, Rido,
3, SeventyFour, 8–9, wavebreakmedia, 14

MAESTROS